Paul Konrad Kurz

Ein großes Flügeldach

Gespräche mit Engeln

Paul Konrad Kurz

Ein großes Flügeldach

Gespräche mit Engeln

Eschbach

Die Deutsche Bibliothek – CIP-Einheitsaufnahme

Kurz, Paul Konrad:
Ein großes Flügeldach: Gespräche mit Engeln/Paul Konrad Kurz. –
Eschbach/Markgräflerland: Verlag am Eschbach, 2002
ISBN 3-88671-261-3

Im Alten Rathaus/Hauptstr. 37
D-79427 Eschbach/Markgräflerland
Tel. (0 76 34) 10 88 · Fax (0 76 34) 37 96

Umschlag: Heinz von Arx, Zürich, unter Verwendung des Bildes
»Engel / Aquarell o. T.« von Andreas Felger, © Präsenz Verlag,
D-65597 Hünfelden.
Gestaltung und Satz: Satzstudio Karl-Heinz Schumacher, Freiburg i. Br.
Herstellung: B&K Offsetdruck GmbH, Ottersweier.
Verarbeitung: Großbuchbinderei Josef Spinner, Ottersweier.
Gedruckt auf säurefreiem Papier.

Inhalt

BILDNACHWEIS

Ernst Barlach (1870 Wedel/Holstein – 1938 Rostock):
Segnender Engel, 1926, Kohlezeichnung (S. 49)

Marc Chagall (1887 Witebsk/Weißrußland – 1985 St. Paul de Vence):
Noah mit dem Regenbogen, zu Genesis 9, 8-15, Tusche (S. 13)
Fiedler und Engel, 1935-36, Tusche (S. 85)

Andreas Felger (geb. 1935 in Belsen am Fuß der Schwäbischen Alb, lebt in Bad Camberg/Hessen):
Engel / Aquarell o. T. (Umschlag)
Engel / Skizze (S. 37)
Engel / Skizze, zu 1. Könige 19, 1-8 (S. 73)
sämtliche Bilder aus dem Buch: Andreas Felger, Boten

Paul Klee (1879 Münchenbuchsee bei Bern – 1940 Muralto bei Locarno):
Engel voller hoffnung, 1939,892 (WW 12), Bleistift auf Papier mit Leimtupfen auf Karton, 29,5 x 21 cm, Paul-Klee-Stiftung, Kunstmuseum Bern (S. 25)
Schellen-Engel, 1939, 966 (AB6), Bleistift auf Papier mit Leimtupfen auf Karton, 29,5 x 21 cm, Paul-Klee-Stiftung, Kunstmuseum Bern (S. 61)

I Anrufung

Anrufung I

Finger Gottes
Flügel
Luftig ihr
gesalbt

Gottschleuser
Boten Bündner
Lichtgänger jung
uralt

Mit Worten kommt
mit Füßen
gehaucht
ins Winds Gestalt

Anrufung II

Erwartet,
schwebst du nieder,
fährst ins Bewußtsein
durch die Glieder.

Engel jünglich,
Engel alt.
Göttlicher Nähe
Leibgestalt.

Nicht erdacht
und nicht befunden,
zeigen wir dir
unsere Wunden.

Manchmal sprichst du
in der Nacht,
wenn die Seele
zu dir erwacht.

Du klopfst nicht an

Du klopfst nicht an
Du öffnest nicht die Tür
Du schickst keinen Brief voraus

Du schwebst im Raum
Du bewohnst die Zeit
Du bist Aufmerksamen gegenwärtig

Nicht auf Bestellung

Sie suchen in Büchern.
Sie stellen dir nach.
Sie fragen Experten
nach deinem Gemach.

Aber du kommst nicht
auf Bestellung,
lieferst Zugreifern
nicht Erhellung.

Trittst heraus,
ummantelt, Licht,
wenn einer bittend
zu dir spricht.

Anrufung

NICHT JENSEITS DER ZEICHEN,
die euch offenbaren.
Gegenwärtig ihr im Licht
der Sonne, Wolken,
des steigenden Tages,
in Worten der Liebe,
Berührung, Weisung,
die ermutigend zu dir spricht.

Sei da

Zum neuen Jahr

Sei da
Du verschweigst deinen Namen

Sei hier
Du verhüllst die Gestalt

Sei da
Ich spreche mein Amen

Sei hier
mit deiner sanften Gewalt

Marc Chagall, »Noah mit dem Regenbogen« ▷

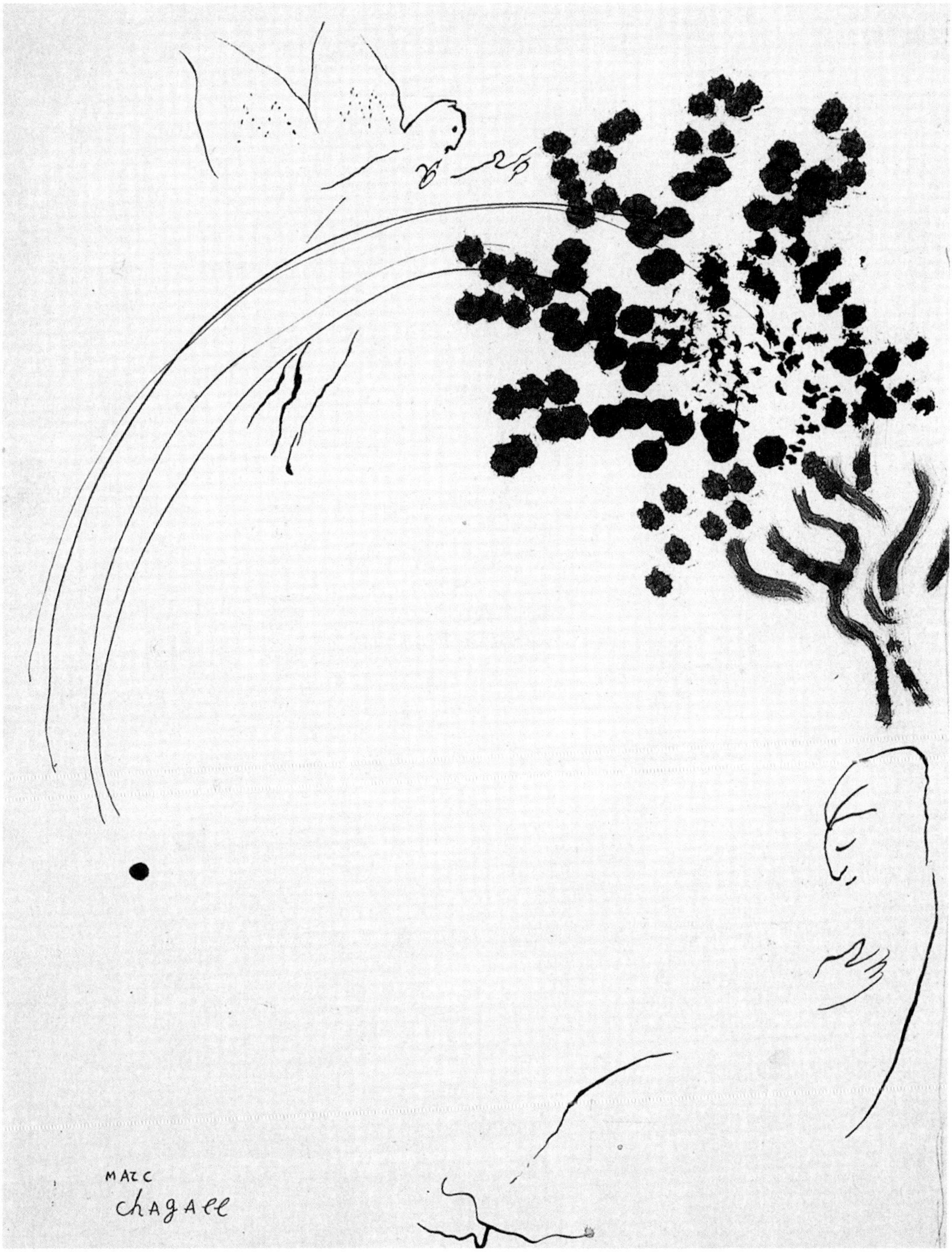
MARC
Chagall

Anrufung

ICH SEH IM FRÜHLING
Tulpen blühn
im Sommer rote Rosen
am Herbstahorn
die Blätter glühn
eh, scheidend,
sie im Nebel rosten

Ich seh ein weißes Feld
im Winter
gedehnt bis hin zum Wald
Darauf kann ER kommen
dem's gefällt
ewig DU
in Wind-Gestalt

II Durchs offene Fenster Worte

MANCHMAL NACHTS
ein Anflug
Berührung von Sekunden

Ein Bild
mit Händen nicht
zu greifen

Durchs offene
Fenster Worte

Die Haut im Morgenlicht
Die Luft von Dir durchdrungen

MIT TRAUMSILBEN
Euerer Ader nächtens
mit Wörtern morgens
Eurem Lichtschein
auf der Spur

Nachtgedanken

Manchmal nachts
denke ich schlaflos
Du bist der Held

mit dem Schwert
mit der Stirn mit dem
untrüglichen Herzen

frage ob du
noch zuständig bist
für die Zunge der Lästerer

barfüßig morgens
ob du sie schützt
abends die abgetragenen
Schuhe der Liebenden

DIE LEEREN
Viehsteige suchen
Im Unbegangenen
einen schweifenden Engel
Im Ungesprochenen
einen gehauchten Atem
aus seiner Schulter
ein geflügeltes Wort

Wangener Engel

Entweder dein Engel
steht auf dem Altar
dann bet' zu ihm
sagte der Bauer

oder
er hinkt durch die Straßen

Seither fahre ich
mit einem Verwiesenen

ÄLTER ALS
die Götter

Jünger als
Gott

Gesandte
Berührung

HIRTE ENGEL
wenn Er käme
im Mantel oder
wie ein Weidenblatt
In seiner Augennähe
daß du selig würdest
berührt von Händen
Hungers satt

VOR SICH
hinter sich
einen Geflügelten wissen

Nähe
im Ungemach

Einen Un-
abdrängbaren

III Engel der Maler – Engel der Dichter

Dem Engel zu Güstrow
In memoriam Ernst Barlach

1
Jedes Kind weiß
Engel sind etwas ganz Besonderes
ausgesprochen friedfertig
bekannt für ihren Dienst am Menschen
in der Regel gottesfürchtig
vor allem unsichtbar
sieht man davon ab daß sie gelegentlich
in Kirchen sich niederlassen
mächtig müde oder
mit geblähten Flügeln hängen

2
Während die einen friedfertigen Engel
für Ruhe sorgen die anderen
Frieden stiftenden für Unruhe
Die Frau erklärt
daß vielleicht nicht alle fertig oder
einige Flügel schlagend reden wollen

3
In seiner Schwere hängend
hinter der Stirn Bilder des Grauens
Mit dem Gesicht der Käthe Kollwitz
an die Toten erinnern
Mit angelegten Flügeln schwimmen

gegen das Vergessen den mörderischen
Krieg Nur die Gußkosten mußte
neunzehnhundertsiebenundzwanzig
die Gemeinde zu G. bezahlen

Zehn Jahre später
(am vierundzwanzigsten August)
ließ die Kirchenleitung die entartete
Figur entfernen Im dritten Kriegsjahr
lieferte der Bischof das slawische
Mahngesicht den Henkern aus

Eingeschmolzen Der Erlös
ging an die Kirche heißt es
Aber kein Verräter nahm den Strick

Engel der Maler –
Engel der Dichter

4
Ein gearteter Engel
sagte der Küster das ginge
Aber ein ungearteter –
da können Sie ja gleich
zu dem hingerichteten Juden beten

Van Goghs Engel

Kähne am Meer
Fahlgelbe Sichelspäne
Einer stößt einen flammenden Speer
senkrecht in den Azur

Fünf Schritte daneben
zusammengesunken das sieche
Gespann eines Alten
Mittagsmöven schweben
sanft über seinen Pflug
Er kann sie nicht mehr sehn

Drinnen und droben
Die Sonne glutet und dampft
Und Einer
ein Engel in Ernterobe
kommt und stampft
über das ausweglose Feld

Chagalls Engel

Engel der Maler —
Engel der Dichter

Geliebt geträumt gemalt im heiligen
Witebsk tag und nacht mit IHM
Leuchter Braut und Fiedelbogen
goldrot zu den Geflügelten
Und Glocken wenn die bunten
Zirkusleute kamen

Wer auf dem Lehm nicht tanzen konnte
den hobst du auf die Dächer
Das Liebespaar der prächtige
Hahn sogar die Stundenuhren zeigen
auf das Unsichtbare
Aus jedem Eselrücken
äugt ein Engel

Hebamme des Himmels
Vertreiben konnte nicht einmal der Umsturz
die Göttliche aus deiner Augenweide
Eingeweidet trugst du
aus dem traktierten Schädel
die Wunderbare
(die an der Spree nicht wohnen konnte)
an die Seine

Daß die Geflügelte nächtens
über Brücken wache
die Entzückten vor Frust bewahre
den Geworfenen halte
die Geschundenen hebe
noch eh die Sonne untergeht
goldgrün in ihr Schalom

Engel der Wandlung
in memoriam Paul Klee

Tastend, noch im Werden,
im Ausdruck unerzogen.
Lächeln träufelt unter
die jungen Augenbogen.

Ein erstes Licht ertasten,
Staunen jetzt, vergänglich.
Aus her gefahrenen Wolken
ein Luftzug überschwänglich.

Mit großen Wunderaugen,
in Naherwartung ganz,
hebt er die Augenbrauen
zum Engelflügeltanz.

Ein älterer sitzt dröge
in Zweifel eingehüllt,
unterm Kopftuch, Schleier,
zum Aufstehn nicht gewillt.

Grenzen und Verwandlung,
Linie, Sinnbild, Kleid,
Fragen, Glücksmomente,
ins Licht gehobene Zeit.

Paul Klee, »Engel voller hoffnung«, 1939 ▷

Engel voller hoffnung 1939 WW 12

Engel der Maler –
Engel der Dichter

Verkündigung

Über Generationen malten
Meister des Marienlebens ihre Szene
Ein Geflügelter in rotem
schwebt vor der Knieenden in blauem Brokat
Barfüßig golddurchwirkt der Bote
soweit die Fingerspitzen des Malers reichen
Über Jungfrau-Augen
im Hennahaar die Aura
der himmlisch Geliebten

Noch Tochter aber schon Dame
Die zarte Linke auf der Handschrift
alle alabaster-weißen Finger am Herzen betend
Über eingelegtem Boden
scheu vereinzelt die Lilie in der Vase
Kissen auf den Ruhebänken des Interieurs
Frei schwebend über den samt-grünen
eine Taube Mitwissend turnen
vergnügte Engelknaben auf dem Paravent

Auf Zehen-, auf Engelspitzen fingert
der Maler seine Andacht in die Stille
gegen den Lärm der Gosse
gegen den Jammer der Armut
gegen Chaos Pest den Krieg der Meister
die Jungfrau gegen
das apokalyptische Tier

Sternstunde

Dem Engel von Autun

Die Fahrt zu Königen ist weit
Noch heute alle Wege
in Autun hügelauf
nur wer zu Fuß kommt
mißt die Steigung

Verwittert
über engen Häusern
Saint Lazare
Ohne Schwestern
Wer denkt die Miterweckten

Eh der Pilger
die Könige findet
liest er den Steinmetznamen
Giselbertus längst zu Staub
der Meister aus Burgund

Die Fürsten droben schlafen
oder träumen Eine Decke
hüllt die Leiber
Dreifach die Borte Jeder
noch im Schlaf ein König

Der Jüngste hebt
den Kopf mit Seheraugen
auf die Seite
besucht von einem fernen Traum

Engel der Maler –
Engel der Dichter

Sanft berührt der Engel
die Hand des Träumers
Weiter wissend zeigt er
energisch auf den Stern

Noch sieht der Angerührte nicht
Noch schlafen die Gefährten
Auf der Augenweide
wunderbare Blume
blüht des Engels Stern

Remember
Den Engeln der Dichter

Aus Dantes Lichtmeer
Zugeflogene
Ausweglosen die sich fürchten

Nicht mehr bedeckt
bedacht auf Abstand
byzantinisch

Remember Kafkas
von der Jägerin zynisch
gejagte Maus

Eingeladene
in Hirn- in Bauch-
in Lendenhöhe

zu den Eingesperrten
kommt zu den Eingebrochenen
brüderlich zu den Verrenkten

IV Aus der Lohe des Unschaubaren strahlend

In Assur Tempelwächter

Gegen den gewaltigen Marduk Himmelsdrache
Siegerin geflügelt in Athen
Auch auf Patmos Streiter gegen
das Untier aus der Tiefe

Über dem Mann aus UR
die Leiter auf und nieder steigend
Stecken dem Lahmen in der Wüste
Den Übermütigen verrenkend

Zu Raguels Haus Tobias
mit dem Fisch des EL
erschauernd er und Sarah auf dem Lager
daß sie nicht erstürben

Von der Orakel-Terebinthe
durch die Berge
Nilabwärts träumend
Ich schwämme gern
auf Eurer Barke

Gebietend Pharaonen
Göttern Gangstern
Begehbar machend wenn's sein muß
Schilf und Meer
Vor Jericho Trompeten
daß die Mauern fallen

Aber unbewaffnet
auf den umstrittenen
Zinnen des *Gott Schalom*

Aus der Lohe des
Unschaubaren strahlend

Seit wann Verbündete
gehört Ihr zu den Verlierern

Dem einstigen Engel in Flammen

1
Flammend gegürtet
im Hemd aus Feuer
standest Du vor
daß trotzig oder gebückt dem Garten
kein Ungehorsamer nahe

Älter geworden Du
und baumloser wir –
Dein flammendes Fresco-Auge
unser zerstörtes Land –
alarmiert durch verseuchte
Fische totes Wasser
erkrankend in motorisch vergifteter Luft

Was hältst Du heute
in Deinen entlaubten Händen
auf daß sie Tätern den Eintritt
ins Verheißene verwehren
draußen halten die Mörder
Brunnenvergifter
die bombenden Krieger

Aus der Lohe des
Unschaubaren strahlend

2
Den Regenwald gefällt
die Claims von Gorillas gewacht
ausgedehnt die Regionen des Hungers
w i r feindlich fahrend bis in die Nacht
gegen die freundlichen Lüfte
Langsame aller Länder vereinigt euch
Lest täglich den Angriff der Geldvermehrer
vorwärts ihre Verschleierung rückwärts
Entreißt Politrednern und Talkmastern
ihr Harmloses Buchstabiert
lauthals das A-Be-Ce
der von Vernunft verlassenen Welt

Seid unwiderstehlich
Bewahrer der Erde zu Hilfe
ihr göttlich Äugigen

Mamre I

Genesis 18

Wer würde sich nicht
vor Engeln verbeugen
säße er mittags
sinnierend im Zelt

Wer verzichtete nicht
auf Zeitungs-Zeugen
dächte an eine
andere Welt

Eure Füße, ich bitt euch
über den Stein
auf Sarahs Teppich
daß sie's euch lohne

einen Bissen Brot, ihr Herrn
eine Flasche Wein
Unterm Fels gekühlt
eine Melone

Ihr wißt wie die Geschichte
weiter verlief
Angeblich lachte die Frau

Es hatte der Mann
zuvor gelacht
Aber wer kennt
die Erzählung genau

Aus der Lohe des
Unschaubaren strahlend

Blast, wenn ihr wieder
kommt, ihr ELE
aus eueren Lungen
Luft in unsere Seele

Die Lust des Sommers
und die Lust des Wartens
der Glanz im Frühlicht
des versprochenen Gartens

Mamre II

ZIGARREN
hat er noch nicht geraucht
aber er wußte daß er ein Mann war
Er prüfte die Luft
Er redete Er erteilte Aufträge

Etwas schläfrig mittags unter dem Eingang
sah er die Fremden kommen
eine ungewöhnliche Zeit
Die Aussicht auf Neuigkeiten
weckte seine Geister
Etwas in Ihm wartete
auf Angebote Unterredung

SIE saß als Nomadenfrau
hinten im Zelt
Der Haushalt machte eine Pause
Aber jetzt
mußte sie kochen für die Weitgereisten
Die Herren wollten essen

Aus der Lohe des
Unschaubaren strahlend

Das Unternehmen Gastmahl
begann beim Feuermachen
Kniend mußte die Frau
in trockene Zweige blasen
Wenig Überraschung gewährte
in ihrem Alter ein Besuch

Wie unser Gewährsmann weiß
beließen es die Herrn
bei ihrer Rede an den Patriarchen
Waren sie mächtiger
als ihre Muttergöttin im Hain

Vielleicht sprächen die Herren heute
mit weniger Imponiergehabe
Vielleicht bäten sie die Frau zu Tisch
zeugten mit bedeutungsvollen Worten
ihre Lust auf Wunder

Aus der Lohe des
Unschaubaren strahlend

Jakob

Die Hüfte verrenkt
Der Engel verschwiegen
Der Morgen dämmert
Wer spricht von Siegen

Ein Mann überschreitet
den nächtlichen Fluß
drängt über die Grenze
folgt seinem Muß

Er begegnet einem Kämpfer
Der scheut ihn nicht
Verrenkt sieht Jakob
ein Gottesgesicht

Ach Jakob

Die Füße Steinen
die Stirn der Sonne ausgesetzt
Mit bloßem Segen auf dem Rücken
gegen die Schakale
nachts zu den Sternen heulen

Ach Jakob
dunkler Sohn der Räuberin Rebekka
Nach des Tages Hitze
sein Haupt auf einen wind-
geschliffenen Kiesel legen
Ungebettet spinnen in der Wüste
den Himmelsfaden

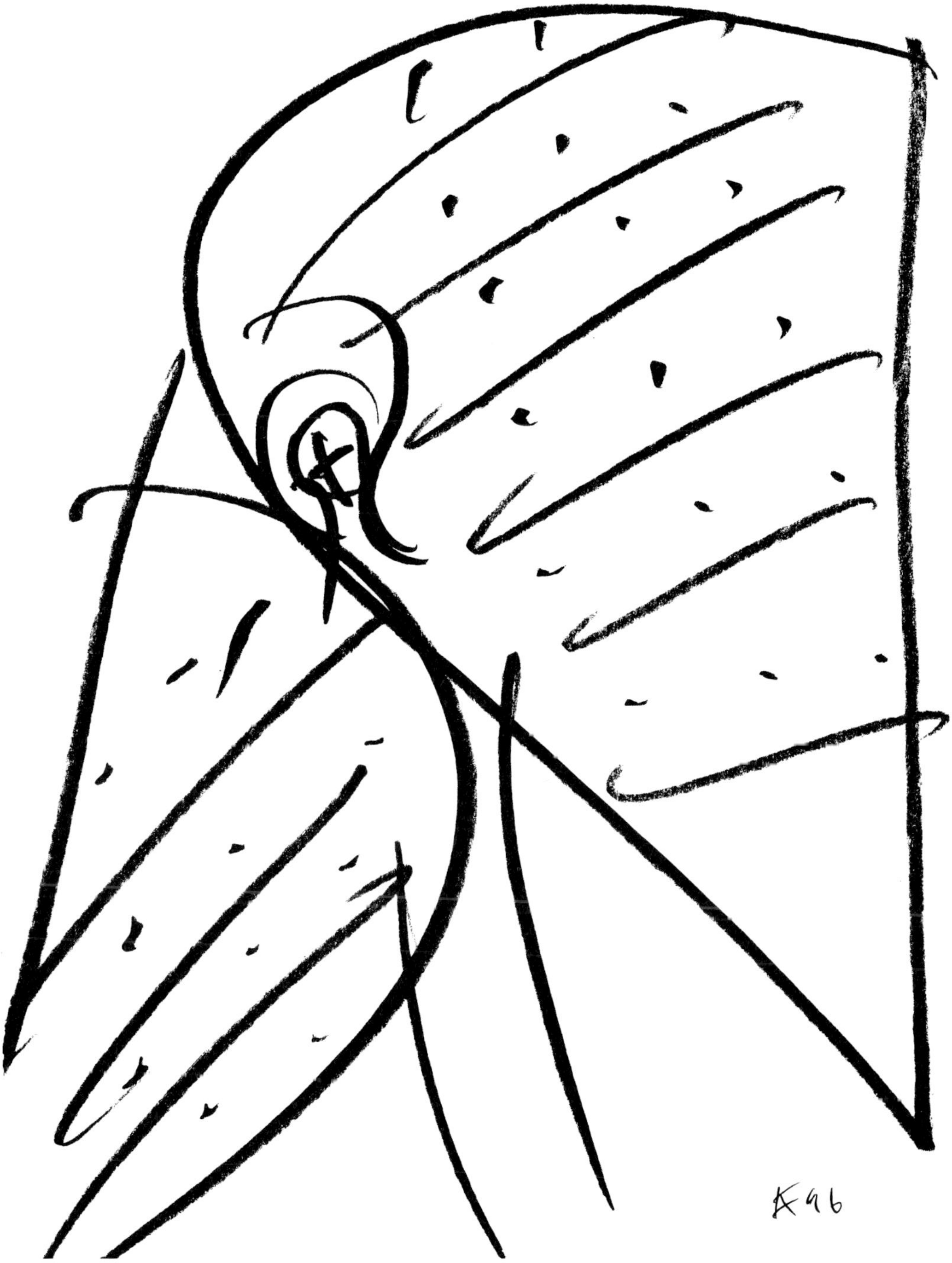

Aus der Lohe des Unschaubaren strahlend

Wer möchte nicht die schöne Leiter
über Gegner stellen
um morgens aufzuwachen
mit der Gewißheit seines Gottes
in den Lenden

Ach Jakob
Hirte ohne Weiden
Sag wie setzt man
eine Hand den wehen
Fuß auf deine Leiter

In jenen Tagen
als Lichte
auf und nieder stiegen
in keiner Gegend
ein schwarzes Loch sie hindert
und jedem Fremden
zum Himmel eine Luke offen hielten
daß er auf Erden in Frieden lebe

Ach Jakob unbeschuhter
deine Leiter
psalmiert ins Wolkenlose

Buch Daniel

In den Verbrennungsofen stieg
ein Engel mit hinab.
Das Holocaust-Feuer
wurde nicht ihr Grab.

Aus der Lohe des
Unschaubaren strahlend

Drei Männer lobpreisen
in Flammen den Herrn.
Seine Kraft, dreimal heilig,
ihnen nicht fern.

Sie fallen nicht
in den Aufschrei der Klage.
Von den Mutigen berichtet
seither die Sage.

Die Männer widersprachen
tyrannischer Macht.
Sie haben Gottes,
Gott ihrer gedacht.

Du liesest vom Engel.
Du fragst nach Glauben.
Ihn konnte das Feuer
den Männern nicht rauben.

Die Geschichte des Lobs
hat sich zugetragen,
das Feuer auch
in unseren Tagen.

Wir besichtigen stumm
die Verbrennungsorte,
finden für Klage,
einen Engel nicht Worte.

Wie schwang Bewußtsein
Für Mirjam

Wie schwang Bewußtsein
vom beschrittenen Land ins Weite
Wohin dein Fühlen unter Frauen
Wie hörtest du die Vätersätze
der Mütter Lieder
das Gerücht im Dorf

Welche Bilder weckten deine Sinne
Welche Träume deine Nacht
Geschriebenes wer deutet's
wie lasest du den ungeschriebenen
Text der Welt
Mädchen mit der Leibesfrucht
Nur im Geheimen gebenedeit

Bück eine sich so allein zum Brunnen
Trag eine so allein den Krug
Geh eine voll des Unverglichenen
durch die Tage
red zu den Bergen blick ins Tal
trag ins Offene die Schwellung
ins nicht Gewußte ihren Sohn

Nicht in Hochzeitsfarben
gekleidet die Verheißung
Nicht unterwies Josef der Botenmund
Wer faltet Ungesprochenes
aus einer dunklen Seele
Wer spricht Gesprochenes
in Josefs Lauf

O Engel Hellster
daß du noch einmal
zu den Verlobten sprichst

Aus der Lohe des
Unschaubaren strahlend

Den Engeln auf den Fluren

Ihr habt gesungen über
dem zerstrittenen Land
berichtet Lukas

Ihr tratet ins Bild
Scharenweise fromme
Hirten als Pfand

Ihr habt den Frieden
beschworen die Huld zwischen
Himmel und Erde

Warum entferne ich
aus der Geschichte
des Malers die Folklore

Aus der Lohe des Unschaubaren strahlend

Nathanaels Engel

Wer war die Stimme
über Nathanaels Baum?
Welche Bilder erklingen
ihm aus dem Traum?

Neugier und Witz,
die Gehörtes begehrten.
Der Sprecher erblickt
einen Sohn-Gefährten.

Worte durchdringen
Nathanaels Äste.
Unsichtbare
unsere Gäste.

Junge auf Bäumen,
Alte am Zaun
sind hergekommen,
Jeschua zu schau'n.

Aus der Lohe des
Unschaubaren strahlend

Jeschuas Engel

Über den Wassern des Jordan
Morgenstimme dem Getauften
Anwalt dem versuchten
Hungermenschen in der Wüste
Mit Nathanael unter
dem Feigenbaum gesessen
Abends dabei als die Männer
ihre Geschichten erzählten

Amen summend am galiläischen
Berg der Preisungen
Zustimmend als die hungrigen
Mäuler Ähren pflückten
Verwundert über die Haare die Salben
am Brunnen Seine Gespräche mit Frauen
Getroffen von den Sätzen
als Ihm die Redner drohten
Hochzeitsfreude am schlichten
Einzug der Schar in die mächtige Stadt
Den Verratenen beruhrend
in der greinenden Nacht
Ohrenzeuge des Prozesses ohne Berufung
Augen bis zur Schädelstätte
Nachsehend den entlaufenen Fischern
Mit dem Hingerichteten im Fels

Aus der Lohe des
Unschaubaren strahlend

Dem Engel der Auferstehung

I
Mit Frauen geredet
Bewundert den morgen-
frühen Mut der Marien

Emmausläufer und andere
Geschockte Abends mit Hirn
und Füße sperrend Thomas

Soldaten bedauert
Angesprochen später
den alten Gärtner

II
DU aber Übermächtiger
wissend was uns trennt

Mit einem Flash
die Wächter zu Boden

Den Schrei der Nacht
die Frauen getröstet

Aus der Lohe
des Unschaubaren strahlend

V Ein großes Flügeldach

Engel I-IX

I

EIN GROSSES Flügeldach
mit Heu darunter
der Geruch von Menschen
gestampft von Kinderfüßen
Da fliegt noch Blütenstaub
durch die Luft

Im Herbst Nußbaum und Birnen
auf den Tisch
Im Winter strickt er Pullover
Drei Tag nach Sonnwend muß er
in der Stube schweben
Nicht müde werden darf der Glänzende
Sonst kratzen ihn die Fichtennadeln

Sogar Vater und Mutter hängen
ihre Träume unter seine Arme
Eine Landefläche wie für den Heißluftballon
ist nicht vorgesehen
Er muß droben bleiben der Erhöhte
bis man ihn runter holt

Eingesperrt wird er immer kleiner
Nach Lichtmeß wartet er auf den Frühling
Mit den Kindern freut er sich
auf die ersten Strahlen

Er sucht gern das Weite
Auch Großvater hat nichts dagegen
wenn die Fenster aufgerissen werden

Jetzt zählt die Sonne
ihre Bäche und Gräser
Bald brauchen die Störche Gesellen

II

FRÜHER haben sie ihre Hände
an Glockenseile gehängt
Sie sind gehüpft wie Ministranten
Jeder Pfarrer turnte mit ihnen
sogar die Mütter sprachen
mit den weiß Gewandeten per du

Sie warteten auf ihren Dreikäsehoch am Bach
Sie schielten am Wirtshaus um die Ecke
Mit den Bauern fuhren sie aufs Feld
Sie behielten die Gespanne im Auge
wenn der Knecht mal austreten ging
Für ein Kreuzzeichen
begleiteten sie uns zur Schule

Im Winter trugen wir ihnen die Schlittschuh
Den Apfel auf dem Weiher
haben wir ohne sie gegessen
Wir dachten an keine größere Geschichte

Ich glaube sie litten keinen Hunger
sie bekamen keine kalten Füße
Und auch die Schuhe machten sie nicht kaputt

Die Rauhnächte überließen sie
irgendwelchen Gesellen
Aber in der fröhlichen Nacht
kannten sie alle Kinder
Scharenweise sangen sie
auf den Fluren des Dorfes B.
Später einmal im Jahr in allen Dörfern
Sie erlaubten daß man sie grüßte
Keiner weiß wie sie bei diesem Service
mit ihrer Zeit zurecht kamen

Ich habe sie noch an Bahngleisen gesehen
Sie ließen uns nicht auf
fahrende Züge aufspringen
Sie kannten unser Schuhwerk

Schwierigkeiten gab es
als wir aufs Fahrrad umstiegen
wir fuhren zu schnell zu unbedacht
zu stürmisch
Erst als wir die »morschen Knochen«
zittern ließen
gefiel es ihnen nicht mehr bei uns
Sie entfernten sich ohne Demo
aus unseren Bildern
Die Federweißen ließen die Frommen
einfach stehen und fuhren
ihre eigene Richtung

Ich erzähle das mit Bedauern
Denn als unsere Väter zu Gewehren griffen
schlugen sie es ihnen nicht aus der Hand
Schade daß sie sich damals nicht einmischten
Vielleicht wäre weniger Unglück geschehen
Seither zweifeln die Mütter
an der Verläßlichkeit ihrer höheren Ammen

III

NATÜRLICH kennt ein Engel
die Heiligen
Er berät sie
Er hilft ihnen denken
manchmal auch tragen
wenn es für die Wasserträger
wegen der allgemeinen Trockenheit
zu schwer wird

Schon bei den Bischöfen
bin ich nicht sicher
Ihre Palais sind für Kinder verschlossen
Ihre Bediensteten antworten durch Sprechanlagen
Sie selber laut
aber vieles verschweigen sie

Ob ein Apparatloser
auf Schritt und Tritt Politikern
zu folgen vermag
darf man bezweifeln
Die haben Vorzimmerdamen und Hintertüren
Ihre Bewegungen werden von Ausweisen

Ernst Barlach, »Segnender Engel«, 1926 ▷

und Kameras begleitet
In den Presseberichten
kommen die Unausgewiesenen
bei den Begleitpersonen nie vor

IV

MAN MÜSSE die Frauen Männer
die Kinder las ich
mit ihren unsichtbaren
Begleitern multiplizieren
Ich kann mir die zusätzlichen
Milliarden auf Erden nicht vorstellen
Denken Sie an das Gedränge im Kaufhaus
das Geschiebe am Schalter
die unkontrollierbaren Bewegungen
Der Pfarrer zwar möchte sich trösten
über die doppelte Anzahl der Besucher
in der schütteren Kirche
Aber die Regierungsräte ganz zu schweigen
von den Nöten des Finanzamts
Da gingen ja noch mehr täglich
durch die Lappen
am hellichten Tag über die Grenze

1

Nein sie tagten
nie in der Zeitung
Die Annoncen teilten
die Säle unter sich auf
Redakteure halten sich
an die Vorschriften ihres Büros

Nur gelegentlich flügelte
ihre Botschaft als Metapher
durch die Bleisätze
Da freute sich die Floßpartie
die Kavalierin am Steuer
das Rote Kreuz
Keiner war ertrunken
Der Verunfallte bezahlte
den Abschleppdienst Teuer
sind sie geworden die Engel der Straße

2

Auch im Schlafzimmer
zucken die Fernsehaugen
Auf dem Nachtkasten hackt
eine Digitaluhr die Stunden
Keiner hat ihm mit dem Beil gedroht
Aber irgendwie ist der Sensible
aus seinem Bild über unserem Kopf
aus dem Rahmen gefallen

VI

1
In Ausstellungsräumen kämpft
Michael noch immer mit dem Drachen
Auf dem Kunstmarkt werden enorme
Preise bezahlt für den beingeschienten Mann

In der Kirche wird er nicht mehr
angerufen mit seinen Gefährten
Der Pfarrer hält sich an die Gebührenordnung
Die Gläubigen rufen die Auktionäre
Scharenweise ziehen ihre erstarrten
Leiber in die Museen

Vertrieben aus den heiligen Räumen
schwirren sie als Freigeister
durch die Luft

2
Personen die mit Trauerfällen
beschäftigt sind wollen
sie noch auf dem Friedhof gesehen haben
Als Putto auf bemoosten Steinen
trauernde Mutter sogar Geliebte
mit dem Jenseitsblick

Welcher Aufgeklärte mag dem Gips
geschliffenem Marmor glauben
Schon mit kleinem Vermögen kann jeder
seinen eigenen Goldrand bestellen

Aber das letzte Wort
ist nie gesprochen

Vielleicht findet
nächstes Jahr in Marienbad
ein rühmender Dichter den EL

VII

DAMEN HERREN Siegelbewahrer
Lorddiener in geheimer Mission
Kein Sterblicher kennt euere Namen
Seit die Temperaturen draußen
und an den Reaktoren drinnen
exakt gemessen werden spricht
der Wetterdienst von aufklarender Kälte
in unseren Regionen
Ihr müßt frieren in euren luftigen Blusen

Nichts gegen die schönen Brunnen im Süden –
solange sie noch fließen
Kein Wort gegen das Dorf am Berg
die Sibyllinischen Gestade am Meer
Aber Ihr müßt doch nicht auswandern
Zieht Hosen an einen kräftigen Kittel
Wenn der nicht reicht einen Mantel –
Beleidigen nein

Seid nicht traurig wenn hierzulande
Euch die Leute nur noch auf Weihnacht bestellen
Laßt ihnen ihren Saphir die Himmel-hoch-Platte
Pfandbriefe Compact Discs zum Fest
Ihr bleibt, Erleuchtete, konkurrenzlos
wir brauchen Euch am Morgen
abends in der Nacht

Nicht nur als Babysitter zur verlängerten
Party und wegen der vielen Geisterfahrer im Nebel
Auch für die Träume die unbewehrten
als Posten zum Wachestehen
vor den Atommeilern Bunkern
Weit war's auch für unsere Gehirne
vom heimeligen Stall zu den militärischen Basen

VIII

MANCHMAL träume ich
Zeitungen fahren
Kisten zum Sperrmüll
Eingemottetes zwei überzählige
Schränke nachts mitsamt dem Auto
zu den Asylanten

Als wären sie hier zu Hause
lagern Katzen morgens in der Wohnung
Bücher schnuppern feuchte Luft
Im Garten knospen Blätter
Mit Kinderaugen drängen
Gespräche zwischen die Beine

Tretet ein Ersehnte
Legt Euch dazu Ihr findet
Platz auf unserem Teppich
Laßt die Lichthaut
euren Atem riechen
Sitzend liegend
ein lichtes Gespräch

Als wärt Ihr nahbar
in seligen Augenblicken
Eure Nähe denken

Kinder locken
wenn die Sonne höher steigt
Libellen an den jungen Teich

IX

SOGAR an den Zäunen
haben Träume genagt
Lämmer springen im Frühjahr voraus
zu den Bäumen den Gärten
euren wunderbaren Odeurs
Knabenkräuter blühen auf wässrigen Wiesen
Bei den Weiden tanzen Trollblumen

Kein Mächtiger verbietet
das Terrain den Friedlichen
S i e sollen das Land besitzen
I h r bildet wenn's sein muß eine Kette –
Haltet hinten die Neider
vorne die Käufer fern

VI Mit diesem überirdischen Schwung

VIELLEICHT
bist du Vorläufer
einer der sagt
paß auf

Vielleicht
bist du Nachläufer
einer der fragt
haben Sie etwas vergessen

Vielleicht
wirfst du außerhalb
der Austragszeit
Briefe in den Kasten

Vielleicht
sinkt mitten in der Rede
deine Stille zwischen
unsere Sätze

Vielleicht
wartest du hinterm Vorhang
auf unsere Rückkehr
von der Bühne

Dem Werkstatt-Engel

Mit diesem überirdischen Schwung
Engel
mit diesen Reichenauer Flügeln
aus Schönheit und Gnade

Zwischen Matutin und Laudes
barfüßig in die Werkstatt schweben
weiß nicht von welchem
Stern umschienen

Daß du dem Schreibenden
die Feder führst
dem Maler die Augen lichtest
Beter deine Anmut schauen

Mit diesem überirdischen Schwung

Der Engel-Maler

Erst
sagte der Maler
gab ich ihm Flügel
Dann übermalte
ich die ausgestreckten

Erst
sagte der Maler
erstrahlte sein Gesicht
in Rembrandt-Helle
Dann verdunkelte
ich das zitierte

Erst
sagte der Maler
pinselte ich Worte
vor seinen Mund
Dann entfernte ich
die Girlande

Wenn Sie so weitermalen
sagte der Kunde
bleibt nichts mehr übrig
Seither läßt mich seine ferne
Nähe nicht mehr los

Du klopfst nicht an

Du klopfst nicht an
Du öffnest nicht die Tür
Du schickst keinen Brief voraus

Du schwebst im Raum
Du bewohnst die Zeit
Du bist einfach hier

Mit diesem überirdischen Schwung

UNSEREN ATEM
hört ihr
die zahnlückigen Zeitsätze

Verhandlungen über
Haupt- und Nebeneinnahmen
diesen Versuch zum Lückenlosen

Die in Jammer
gebundene Seele
bindet ihr auf

Mit diesem überirdischen Schwung

WENN DU DAS BEWUSSTSEIN
fliegen läßt wie einen Ballon
könnte es sein
daß in den Lüften das Losgelassene
zu nicht vorgesehener Stunde
plötzlich
einem wandelnden Engel begegnet

AUS SCHLIEREN
der Tränen
wie auf Flügeln der Sonne

In hellster
in dunkler Seide
im Dämmerlicht

Ihr kommt zu Tisch
Auf Tüchern weiden
unsere Augen

Verhangenes hebt ihr auf
zum Himmel
Silbenseufzer

Paul Klee, »Schellen-Engel«, 1939 ▷

1939 AB 6 Schellen-Engel

Mit diesem überirdischen Schwung

DAS LAND
der Engel-Küste
mit der Seele suchen

Dem ufernden Licht
die salzige Haut
hinhalten

Den verletzten Traum
im Meer
schwimmen lassen

DAS SCHWEIGEN
wie eine Blume halten

Wie ein Maler
warten auf das Bild

O IHR SÖHNE
aus dem Geschlecht
des Himmels

O ihr Töchter
der hemdlosen
Mutter

Euer Libellenauge
Euer Flügelweißes
Euere Lichtbahnen

Mit diesem überirdischen
Schwung

VII Daß ihr ein Gespräch seid

ALS ENGEL NOCH ZU FUSS KAMEN
konnte einer sie deutlich erkennen
ins Zelt bitten
ihnen die Füße waschen
sagen »Laßt Euch nieder«

Als Engel noch aus der Wüste kamen
hielten die Männer Ausschau
Sie schauten hin
und dachten her
Jeder wollte gesegnet sein

OFT FRAGE ICH
in welchen Lüften ihr wohnt
wo ihr seid wenn einer schläft
ob ihr kommt wenn er erwacht

Früher wandelt ihr auf Triften
in Kirchspiel-Tälern
Hirten kannten euch
Am Wasser spielten Kinder

Aber in Straßenschluchten
im Hochhaus ohne Leuchter
im Bistro wo die Nähe
auf dem Tresen liegt

Veränderungen

1
Platonisch hat ein Frommer
Euere Scharen chorisch gesetzt
im ersonnenen Hofstaat.
Vor den Thron und darüber
Cherube hierarchisch
Flügel bei Fuß

Unhöfisch w i r
verzichtend auf majestätische Ränge
glauben an keine Bodyguards
als Beweis für Höheres

2
Die Betreiber der Lehre
haben euch von den Altären gestoßen
auf die Hinterbänke verwiesen
wo es dunkelt und keiner
was zu sagen hat

In heiligen Räumen nicht mehr geduldet
suchen Engel allerorten
ihren Schöpfungsmorgen
im Rücken der Priester
auf der Palette des Malers

3
Wer kennt nicht
den Gleich- den Fortschritt
das »Marsch« die Abräumungs-
manöver der Hauptleute

Ein paar zerstreute Widerständler
tragen Euch leuchtend
in die Apsiden zurück
bitten Euch heilige
Gäste zu Tisch

Für Friedens-Engel

I
Von weither Wind
und Zeitung Flügelschlagen
als nahe mit Transparenten
Kindern Greisen eine Demo

Schweigend durch Spaliere
große Vogelaugen
Hellfüßig auf dem Marktplatz
Flügelhände
zerbrechen die Gewehre

Und in den Rüstungshallen
Megaphone
bedient von Unsichtbaren
aus allen Wänden rufen
Umkommen werden
d i e Geschosse oder
chips für Waffen produzieren
durch ihre Käufer

II

An keinem Strom
in keines Gottes Namen
ein heiliger
an keiner Küste
in keiner Wüste
keines Volkes Amen
befiehlt Vernunft den Krieg
Keiner brüstet
mit Raketen für den Frieden

III

Wie aber Brüder Schwestern
Fürdenkliche aus Seinem Samen
zerbrecht ihr Panzer
Von welcher Basis
könnt ihr operieren

Mit welchen Händen
holt ihr Raketen
aus Bunkertiefen
Radar gelenkten Lüften

Braucht ihr unsere Stimme
Füße Fäuste
entschiedenes Denken
unser aller Einsicht
die öffentliche Macht der Meinung

DASS IHR EIN GESPRÄCH SEID
daß wir *du* sagen dürfen
und *ihr* und *euch*
daß wir zu Zeiten
vor euere Luke steigen dürfen
auf die Leiter

Daß ihr den Trauermantel
um unsere Lenden legt
wenn wir entzweit
mit jedem zugesprochenen
Du-Wort hadern

Daß Ihr uns nachstellt
mit Ammenaugen einholt
Bilder in die Erinnerung träufelt
vom sechsten
vom siebten Tag

Daß wir nicht von Anfang
die Verworfenen sind
Ausgebrochene eines Gottes
aus dem Garten vertrieben
bis zum Jüngsten Tag

Daß wir zu Zeiten schauen
dürfen über das Botenfeld
horchen ob uns einer
zu Söhnen Töchtern
seines Geschlechts erklärt

Daß ihr ein Gespräch seid

IMMER WIEDER SUCHE ICH DEN FLÜGEL,
der, gegenwärtig, den Raum erfüllt.
Ein Unsichtbarer wirkt
anwesend ohne Rede, ohne Bild.

Den Tisch verändert er, das Schreiben.
Von oben schaut er auf das Blatt.
Erinnerung findet die Geschichte,
wenn er sich eingefunden hat.

Ruhig fließt der Atem, rhythmisch.
Ein Tieferes wird in dir lebendig.
Du kannst hören, fühlen, sprechen.
Abgedunkeltes öffnet sich inwändig.

VIII Hommage

Hommage

Du mit dem Auge im Flügel
Hauch mit dem Wissen im Wort
Her kommst du über die Hügel
hebst dich, gesprochen, fort

Wer würde nicht auf dich warten
Wer wollte nicht daß du lenkst
Weisungen, die offenbarten
Berührung, die du schenkst

Den Athos-Engeln

UNTERWEGS zu Eurem Athos
was darf ein Her-
gepilgerter aus seinem
Tagwerk reichen

Schweißtrockenes
den salzigen Mund
vom Bach die Atempause
am Brunnen beide Hände

Entronnen dem Asphalt
Motoren dem Lärm
der Bilder stündlich
die getriebene Jammerseele

Barfüßig morgens
an der Quelle
Die Körperschwere
in der Mittagshelle
Wandermüdes
abends in der Zelle
berühren will es Euere Flügel

Andreas Felger, »Engel / Skizze« ▷

Münster-Engel

Das Gewand, der Gürtel, die Brosche,
die ausgestreckte Hand durchwirkt von Licht.
Dieses überirdische Leuchten, Freude,
Gottes Freude im Gesicht.

O Engel, atmend aus Urschöpfung,
Bote der Stadt, dem Dorf, dem Land,
du bist die Leib-Gestalt des Wortes,
das sich dem Paradies verband.

Zur Rede schon geöffnet deine Lippen,
hervor getreten aus dem Unsichtbar.
Die Ureltern zugesagte Botschaft,
wird in erfüllter Zeit hier offenbar.

Gegrüßt sei Mirjam, die Erwählte.
Gegrüßt, die glaubend niederkniet.
»Ich bin Gabriel, der Gesandte,
dir zu künden, was geschieht.

Heiliger Geist wird überschatten
deine Seele bis in den Schoß.
Erzittern wirst du in Ihm selig,
deine Frucht unendlich groß.«

Engel mit der Trommel

Blau gewandet schlägt er
die Trommel in Jünglingsgestalt
Er schlägt sie rot bebändert
daß es im Chore hallt

Wissend in die Weite
blicken Auge Mund
Auf seiner Stirn strahlt Freude
Die Botschaft macht er kund

Dem Engel der Behinderten

Nicht gekleidet
mehr gewandet sagt das Mädchen
wie ein Heiliger
die Füße bloß
Flügel-leise
Sein Herz ist sanftig
Arme auch
wie eine Schwester aber
man schreibt »der Engel«
Von innen Schein
der leuchtet
wenn du ihn sehen kannst
Er wartet wenn du
auf die Welt kommst
dir weh tust lahmst
du kannst ihn hören wenn du
aus der Seele atmest

Der Engel des Advent

Wenn die Bilder des Tages
in die Bilder der Nacht rinnen
wenn die Rhythmen der Räume
in die Gründe der Seele dringen
wenn Worte sich aufmachen
über die Berge
Schweigetöne gefastet über die Schlucht
wenn mit den Räumen
die Augen sich auftun
und Worte fingrig Schweigelüfte berühren
wenn aus Schweigeräumen Heiliges
in den Nachtspalt träufelt
sein Lichtschatten über
die aufgetane Seele flügelt
wenn ihr Andenken
erwachte Bilder malen
Geburtsseufzer der Nachttau singt
wenn das verstört Wartende
seine Lampe unter den Traumbogen stellt
ihr Heil- ihr Hungertuch aufhält die Seele
lockt aus naher Nähe der Engel

Dem Engel des Todes

Dunkelflügler
der du von rückwärts nahst
unnachgiebig bis der Verfolgte
ein andermal fällt
Und du trittst ihm auf die Ferse
daß er beim Aufstehn
um sich blickend
Angst aus den Augen reibt
weil du ihn anstößt
und der Erhobene weiß
daß einer ihn
nicht nur wissend begleitet

Litanei für Engel

PREISEN dein Nahen
PREISEN deine Nähe
PREISEN deine Atemnähe

Preisen dein Haupthaar
Preisen dein Flügelhaar
Preisen dein Himmelshaar

Preisen deine Lichtspur
Preisen deine Leuchtspur
Preisen dein abendloses Licht

Am Morgen dein Heiliges
Am Abend dein Heilendes
Dein Heiltum der Nacht

Schöner Bote
        den wir nicht kannten
Schönes Feuer
        das unirdisch brannte
Schöne Kunde
        uns Fragern gesandte

Ihr Silben
        preist ihn
Ihr Wörter
        preiset es
Ihr Sätze
        auf preist sie

Preise sie
        meine Haut
Preise es
        mein Haupt
Preise ihn
        o Glaube

Alles was licht ist
        preise deinen Namen
Alles was leuchtet
        seine heiligen Samen
Alles was zeugt
        und was gebiert

Alles was lastet
        dein Schwereloses
Alles was spricht
        dein Namenloses
Alles was fällt
        dein Herbstzeitloses

Preiset die Funken
        des mystischen Nichts
Preiset die Söhne
        des Vaters des Lichts
Preist sie die Töchter
        in Ewigkeit Amen

IX Der Engel ist Klang

Brief

Weil du ihn nicht triffst
sagst du
Es gibt keine Engel

Weil du ihn nicht siehst
sagst du
Ich sehe keinen Engel

Weil du ihn nicht hörst
sagst du
ich glaube nicht an Engel

Wenn aber dein Auge
blind wäre

Wenn aber dein Ohr
taub wäre

Wenn deine Vernunft
sich weigert

Wenn deine Seele
auf Alleinbleiben pocht

KEINER KANN EUCH
auf sein Konto buchen
euer Augenhelles
in den Computer speisen
auf der Gartenliege
aus dem Himmel zaubern

WER MÖCHTE
außerhalb der Reisezeit
in Zelten wohnen

Wer unter Sternen
frieren
in der Wüste

Wer wird gebrochene
Flügel suchen
wenn die Versicherung zahlt

UNTERTAGS RASTEN SIE AM CHIEMSEE
oder in einer anderen Bucht
Sie schicken ihr Andenken in die Stadt
daß du drahtlos berührt wirst
und denkst das ist eine Freude
wenn es dir am Geburtstag
oder an Weihnacht geschieht

Und jetzt fliegt etwas von dir
auf die Fluren
wo Himmlische zu Knechten reden
während die Herren speisen
Und plötzlich sprichst du
mit Hirten vor Davids Stadt

IN DEN WIND
gelehnt die Leiter
Auf Sprossen
die Gedanken
Zum Himmel turnend
Silben des Gesprächs

Unaufgefahrenes
zwischen Bambusholmen
Clowneske Kinderzehen
ein zu langer Gürtel
mit Giraffenhälsen Greise
Verpupptes flügelnd

Kein Ort Nirgends
wo deine Engel
nicht hinauf herunter fahrend
die auf der Hungerleiter
berühren

Berührer

Her gesandt
im großen Sein
Engel Brot
und Engel Wein

Mantellos
im Ärmelkleid
Berührer aus
der Ewigkeit

IN EUEREN OSTERMORGEN
unsere Augen

In eueren Emmausabend
unsere Füße

In euere Tempelleuchten
unser Öl

Marc Chagall, »Fiedler und Engel«, 1935-36 ▷

SIE SCHWEBEN IM TEMPEL-OM
Sie fließen im Atem-Om
Sie rauschen das Welten-Om
Engel singen das Licht

Engel sind Atemstrom
Engel sind Schöpfungsstrom
Das Heilige sind sie
und das Amen der Welt

KLANG IST DER ENGEL
Der Engel ist Klang
Er singt in die Seele

Lichter Klang der Leuchtende
Lichter Laut der Leuchtende
Der Leuchtende singt das Licht

Er singt den Anfang der Welt
Er singt das Ur der Welt
Er singt was ewig singt

Glanz der Engel

Berührungsgestalten des Göttlichen

1

Glanz der Engel strahlt noch immer auf die Menschen. Viele bewahren Engelbilder als kostbaren Schatz. Das Bewußtsein der Engelnähe ist ihnen tröstlich. Aber die Lichten sind in einer Welt von Produktion und Konsum gefährdet. Sie finden keinen Platz mehr im Denken der Vielbeschäftigten. An unseren Geschäften nehmen sie nicht teil. In die Politik greifen sie nicht ein. Für Herstellungsprogramme sind sie nicht zuständig. Als Posten öffentlicher Haushalte kommen sie nicht in Frage. Für Nachrichtenbeschaffer sind Engel keine Nachricht. Sie passen nicht in die Vernetzung der modernen Welt. Viele Zeitgenossen schieden Engel aus ihrem Bewußtsein aus. Bibelleser halten an Engelbildern fest. Bürger, die ihren religiösen Eigenbedarf besorgen, suchen die lichten Wesen neu. Wollen Engel für späte Nachkommen der einstigen Bündnispartner Jahwes noch Sorge tragen? Sind sie noch tätig als Mittlergestalten zwischen dem Allerhöchsten und den Menschen? Gestatten unsere Zeichensysteme ihnen noch Zeigegestalten des Göttlichen?

Engel haben im religiösen Denken eine lange Geschichte. Sie tragen nicht immer den gleichen Namen. Sie treten nicht in unverwechselbarer Gestalt auf. Im vorderasiatischen Raum verehrten Menschen schon in vorjüdischer Zeit Engelwesen als göttliche Gestalten. In der jüdischen Bibel geht der Gottesname *El* dem Namen des Exodusgottes *Jahwe* voraus. Der Gottsucher Abraham verehrte El Schaddai als persönlichen Schutzgott. Später vereinigt der *Elohim*-Gott (Mehrzahl) alle göttlichen Eigenschaften. In mythischen Vorstellungen wurden auch die Göttersöhne Elohim genannt. Israelische Orte nahmen den Gottesnamen auf (die Orte mit der El-Silbe, z. B. »Bet El«). Die Erzengel *Michael, Raphael, Gabriel* schließen in ihren Namen die El-Silbe ein.

Glanz der Engel

Von Engeln berichtet die Bibel von den ersten bis zu den letzten Seiten. Ein Engel mit dem Flammenschwert bewacht das Paradies. In mythischer Frühe schützen Engel den Baum des Lebens. Später geleiten sie die Patriarchen auf ihrem Lebensweg, schließlich das ganze Volk Israel. Mose erfährt den Engel Jahwes. Jesaja sieht den Jahwe-Thron von geflügelten Seraphim umstellt. Engel verherrlichen die Majestät Jahwes. Unbotmäßige Geister mit ihrem Anführer Satan wurden aus dem Himmel gestürzt. Engel erscheinen in den biblischen Erzählungen als Boten Gottes. Die Mittler wirken als Fürsprecher, Warner, Mutmacher, Geleiter. Sie erfüllen einen Sendungsauftrag, treten aber auch als individuelle Fürsorger auf. Einer rettet die in der Wüste umher irrende, verstoßene Hagar mit ihrem Sohn Ismael. Raphael geleitet, schützt und heilt den jungen Tobias. Michael ist die große Kämpfergestalt, Gabriel der höchste Bote (»Münster-Engel«, S. 74). Er darf Maria die Menschwerdung des Sohnes Gottes verkünden. Engel verkünden Hirten die Geburt des Messias (»Den Engeln auf den Fluren«, S. 41). Jesus spricht von den Engeln im Himmel und auf Erden. Er sieht sie über dem »Menschensohn« auf und niedersteigen (»Jeschuas Engel«, S. 43). Der vom Aussatz befallene Lazarus wird nach seinem Tod von Engeln in »Abrahams Schoß« getragen. Engel sind beteiligt an der Heilsgeschichte. Einer öffnet am Ostermorgen den Frauen die Grabkammer (»Dem Engel der Auferstehung«, S. 44). Überaus einflußreich und mächtig erscheinen Engel in der Apokalypse des Johannes. Der visionäre Schreiber schreibt altjüdische Vorstellungen vom Hofstaat Gottes weiter. Engel huldigen der Majestät und verkünden die Herrschaft Gottes. Sie tragen die Gebete der Heiligen vor seinen Thron. Im Kampf gegen dämonische Widersacher stärken sie die Gläubigen. Engel sprechen als »Stimme« Gottes. Johannes empfing seine Visionen von einem Engel der Offenbarung. Man kann aus heutiger Sicht sagen, der Engel des Johannes ist auch ein Werkstattengel. Johannes arbeitet an der Deutung der Welt in der Endzeit. Die Offenbarungsgeschichte, die er als Autor niederschreibt, ist auch Kunst. Er muß die Sprache, Form und Ausdruck für seine Botschaft finden.

2

Die Alten haben über Jahrtausende Engel verehrt, die Modernen haben sie vertrieben. Theologen haben ihren Teil dazu beigetragen, Engelbilder abzuhängen, Engelgeschichten zu entmythologisieren. Die Gotteswissenschaft wurde abstrakter, in der Folge gestaltloser. Eine Gegenbewegung setzte ein. Bürger, die ihren religiösen Drang nähren wollen, nehmen die alten Bilder auf und entwerfen neue. Einen himmlischen Hofstaat machen sie sich nicht mehr zu eigen. Aber sie verneigen sich voll Ehrfurcht vor dem Engel der Verkündigung, vor den Engeln der Hirten, dem Auferstehungsengel am Ostermorgen. Schönere Bilder für die Verbindung des Menschensohns mit dem Reich des Himmels sind kaum aufzufinden. Merkwürdig, daß der Todesengel als Geleiter in den Berichten keinen Ort fand. Vielleicht brauchten sie erzählerisch keinen Engel, weil die Passion unserem Vorstellungsvermögen real faßbar ist. Bei Lukas stärkt jedoch ein Engel vom Himmel den im Todesschweiß der Ölbergnacht geängsteten Jesus.

Bis zum Zweiten Vatikanischen Konzil (1962-1965) wurden katholische Kinder und Gläubige belehrt, zu den heiligen Engeln, vor allem zum Schutzengel, zu beten. Eine schöne Bildvorstellung des Schutzes Gottes für seine Kinder. Zahlreiche Kirchen sind dem heiligen Michael, manche sogar den »Heiligen Engeln« geweiht. Der Schutzpatron ist dennoch vielerorts aus dem liturgischen Bewußtsein geschwunden. Gewiß war Michael nie in einem völkisch ideologischen Sinn der Engel der Deutschen. Und so beingeschient mit geschwungenem Schwert, wie ihn manche barocken Statuen und Bilder darstellen, kann ihn unser Bewußtsein nicht mehr fassen. Welche andere Gestalt wäre heute vorstellbar? Darf man nach der Gestalt des Engels heute fragen? Man darf, man muß.

3

Der *Katechismus der Katholischen Kirche* (1993) hält fest: »Daß es geistige, körperlose Wesen gibt, die von der heiligen Schrift ›Engel‹ genannt werden, ist eine Glaubenswahrheit. Das bezeugt die Schrift ebenso klar wie die einmütige Überlieferung.« Der römische Katechismus zitiert die berühmten Sätze des hl. Augustinus: »›Engel‹ bezeichnet das Amt, nicht die Natur. Fragst du nach seiner Natur, so ist er ein Geist; fragst du nach dem Amt, so ist er ein Engel. Seinem Wesen nach ist er ein Geist, seinem Handeln nach ein Engel«, das ist Bote. Augustinus spricht vom biblischen Engel. Die biblischen Engel werden, wo sie nicht nur genannt, sondern gezeigt werden, in ihren Verrichtungen und Tätigkeiten geschildert.

In einer Zeit, in der sich viele Bürger auf einen tradierten und kontrollierten Gottesglauben nicht mehr festlegen lassen, hat sich die Esoterik der Engel angenommen, auch bemächtigt. Jeder entwickelt seine eigene Vorstellung. Engel sind oft mit naturmagischen Kräften und fernöstlichen Vorstellungen durchmischt. Die Freiheit der Phantasie gegenüber der Engelgestalt fasziniert die Modernen. Das persönliche Vorstellungsvermögen will aktiv werden. Die Maler haben davon freizügig Gebrauch gemacht. Ihre phantasievollen Bilder bereichern unsere nivellierte Phantasie. Die richterliche Kraft des Schwertes, den seraphischen Glanz, das Dreimal-Heilig, die Zugehörigkeit nicht nur zu Gott, sondern zu dem Christus und seinem Volk haben Engel auf den esoterischen Feldern (meist) verloren. Aber die Engel-Sehnsucht ist lebendig geblieben. Ihre Strahlung wird erfahren, ihre Nähe gesucht, ihre Kraft geglaubt. Viele Zeitgenossen halten Ausschau nach einem Wesen, das sie *Engel* nennen.

Wer aber sind diese Wesen? Welche Gestalt können sie in unserem Bewußtsein annehmen? In welchen Situationen treten sie in unsere Lebensgeschichten ein? Welchen Platz hält ihnen das Bewußtsein bereit? Ein biblisches Gedicht fragt nach der heute denkbaren Wächtergestalt des »einstigen Engels in Flammen« (S. 31 f.). Wo könnte uns Jakobs nächtlicher Engel heute begegnen?

Nachdenkliche fragen, ob sie Engel als Gestalten des Seins oder der Seele verstehen dürfen. Sind sie Ausdrucksbilder oder Inbilder? Psychische Projektionen oder reale Gestalten? Deutungen des Bewußtseins oder Beziehungsbilder realer Begegnungen? In biblischen Erzählungen weisen Engel oft im Traum Ratlosen den Weg, zum Beispiel Josef nach der Schwangerschaft Mariens und dem Kindermord in Bethlehem. Engel können Wegweiser, Wegöffner, Wegbegleiter sein. Verängstigten sprechen sie »Fürchte dich nicht« zu. Engel sind Beziehungsgestalten zu den Menschen, Berührungsgestalten des Göttlichen. In der Bibel treten sie auch mit richterlicher Kraft auf. Verstörte, Ungetröstete, in innerem Unfrieden lebende Moderne möchten Engel als sanfte, fürsorgliche, lockende Kräfte Gottes verstehen. Oft haben sie die Anziehung und den Charme des Erotischen, sie werden weiblich vorgestellt.

Die antike Cupido-Gestalt und das erotisch Weibliche verbanden sich in der Kunst oft mit geflügelten Wesen. Geflügelte Frauengestalten wachen auf Friedhöfen über Gräbern. Sie sollen die Verstorbenen geleiten, die Hinterbliebenen trösten. Entwicklungspsychisch betrachtete der von schwerer Krankheit getroffene Maler Paul Klee seine Engelgestalten. Sie greifen ins Unterbewußte und ins metaphysisch Offene. Spielerische Ironie beflügelt metaphysische Sehnsucht. Klees angelisch anvisierte Vollendungen sind leiblich eingebunden. Der im Textteil mitgeteilte »Engel der Wandlung« (S. 25), geschrieben in der Klinik, wurde von Klee inspiriert.

Psychisch und kosmisch orientierte Zeitgenossen suchen nicht so sehr den biblischen Engel als vielmehr einen Engel der Seele, der Psyche, der unausgeleuchteten Zwischenräume. Sie projizieren eine Werdegestalt in den Engel, ihre Ich- und Du-Suche. Sie denken ihm Kräfte zu, die ihr Verschlossenes öffnen, die materielle Einbindung transzendieren. Andere suchen Engel der Natur, geheimnisvolle Wisperwesen, auch Engel der kosmischen Weite. Engel sind für die Modernen nicht so eindeutig, wie Christen sie gelernt haben. Ist der Mensch eindeutig, fragen sie? Ist Gott selbst eindeutig? Ist das Göttliche eindeutig? In der Verkündigung ist Gott vor allem Antwortgestalt. Im Bewußtsein wacher Menschen bleibt er Fragegestalt, die größte denkbare Fragegestalt. Antworten helfen dem Menschen, aber Fragen halten ihn lebendig. Engelvorstellungen dynamisieren das Bewußtsein.

4

Lehre und Überlieferung der Engel sind eines, die persönliche Lebensgeschichte ein anderes. Der Autor soll auch von persönlichen Erfahrungen sprechen, wünscht der Verleger. In seiner Kindheit, als der Schreibende noch nicht dachte, wußte er sich von einem Schutzengel begleitet. Er hat zu ihm, wie er gelehrt worden war, gebetet. »Heiliger Schutzengel mein, laß mich dir befohlen sein.« Als das Kind heranwuchs und zu Beginn des Krieges im staatlichen Internat vormilitärisch erzogen wurde, hat der Junge den Schutzengel vergessen. Gewehr und Engel paßten nicht zusammen (»Für Friedensengel«, S. 67 f). Das Heilige verträgt keine Ideologie. Im Februar 1943 wurde der Schüler, fünfzehnjährig, zur Flak nach Friedrichshafen eingezogen. Siebzehnjährig, mußte er Soldat werden. Als er sich zu Hause verabschiedete, sprach seine Großmutter den Engelsegen über ihn. Der Segen beeindruckte ihn sehr. Er hat ihn nie vergessen. Die Großmutter legte ihre Hände auf seinen Kopf und seine Brust, berührte seine Arme, Hände und Beine. Sie atmete tief und schaute ihn wie mit Jenseitsaugen an. Die Maschinengewehrkugel, die den jungen Soldaten am Karsamstag 1945 traf, verletzte ihn nicht tödlich. Bevor das Liegenbleiben in der Blutspur lebensgefährlich wurde, nahten Helfer in Gestalt schwarzer amerikanischer Soldaten. Als der Verwundete nach einigen Tagen wieder zu Bewußtsein kam, dachte er nicht an Schutzengel. Aber der Gerettete wußte, daß er geschützt worden war. Noch Jahrzehnte später fahren die amerikanischen Panzer in seinem Bewußtsein auf den Engelsegen zu.

Als der Theologiestudent die Bibel las, stieß er wiederholt auf Engelgeschichten. Im Theologiestudium selbst kamen Engel nicht vor. Dogmatische Begriffe, Unterscheidungen, Gegner der Gotteslehre hatten Vorrang. Doch der persönliche Engel war wieder in sein Bewußtsein getreten. Dessen Wege im Unbewußten könnte er auch heute nicht beschreiben. In schwierigen Situationen, in Zeiten des Konflikts, spürte er nicht nur Angst, sondern auch tröstliche Nähe. Er fühlte sich in der Gefährdung ermutigt. Wenn er den Weg eines Schriftstellers einschlagen wollte, mußte er seine Lebensform verändern.

Er hatte in den fünfziger Jahren begonnen, Gedichte zu schreiben. Schmerzlich nahm er wahr, daß ihm für den Ausdruck persönlicher Wahrnehmungen und Vorstellungen die Sprache fehlte. Er mußte sie suchen, lebendige Sätze diesseits erlernter Formeln und Begriffe, eine Sprache in Bildern, eine Sprache, die das Bewußtsein öffnete, das Ungeschützte zuließ. Das Studium der Germanistik und die Lektüre der Dichter halfen ihm dabei. Als er in den sechziger Jahren zum zweiten Mal auf die Bilder und Lebensgeschichte Vincent van Goghs stieß, schrieb er sein erstes Engelgedicht. Er sah an der Seite des Ausweglosen einen Todesengel (»Van Goghs Engel«, S. 22). Einige Jahre später stieß er in Köln auf Ernst Barlachs Engel zum Gedenken an die Toten des Ersten Weltkriegs. In Güstrow, wo der Erstguß hing, hatte die evangelische Kirchenleitung den »entarteten« Engel 1937 aus der Kirche entfernt. Sie übergab im Krieg den Engel mit slawischen Gesicht den Nazis zum Einschmelzen. Barlachs Totenengel ist düster, kein Engel für Ansichtskarten (»Dem Engel zu Güstrow«, S. 20 f). Marc Chagalls frohe Dorf-, Braut- und Flügelengel wurden in den sechziger Jahren ohne Unterlaß reproduziert. Die lebensfrohen Gestalten in hellsten Farben schweben selig in den Lüften. Der Schreibende las, daß der aus Sowjetrußland geflohene Chagall in den zwanziger Jahren in Berlin nicht wohnen bleiben konnte. Chagall zog weiter nach Paris. Dem Schreibenden fiel der Grund ein. Berlin war keine Stadt der Engel, Paris sehr wohl. Chagall brauchte eine Stadt der Engel als Wohnort (»Chagalls Engel«, S. 23). Wäre es abwegig, Engelstädte von Nicht-Engelstädten zu unterscheiden?

Der Germanistikstudent lernte Rilkes Engel aus den »Duineser Elegien« kennen. »Wer, wenn ich schriee, hörte mich denn aus der Engel Ordnungen?« Über Rilkes Engel ist viel gerätselt worden. Der Dichter beschwor das unendlich Schöne als unendliches Erschrecken. Erschrecken dynamisiert den Schauenden und den Schaffenden aufs Höchste. War eine äußerste ästhetische Erfahrung nur dem Künstler zugänglich? War das Höchste der Kunst das göttlich Schöne? Viele meinen, der Engel bei Rilke sei an die Stelle Gottes getreten. In der Elegie (1912) habe sich auch sein Gotteskonflikt niedergeschlagen, die

Absage an den biblisch-christlichen Gott nach den gefühlvoll poetischen Stundenbuch-Gedichten. Der Engel, die Frage nach dem Schönen und nach dem Schrecklichen sind aus der modernen Kunst nicht wegzudenken. Zwischen den beiden Weltkriegen haben Paul Klee und Walter Benjamin über den erschrockenen, drohenden »Engel der Geschichte« nachgedacht. Der Warner ist nicht mehr biblisch bezogen. Seine prophetische Gestalt spricht in säkularisiertem Kontext.

5

Als der Schreiber seinen Engelgesprächen Ausdruck suchte, hat er nicht theologisch gedacht. Sein Bewußtsein enthielt Engelbilder und Engelgeschichten biblischer Herkunft. Eine Absicht verfolgte er nicht, als er in den achtziger Jahren eine Reihe von Engelgedichten, biblische, spirituelle, poetische Texte schrieb. Von »Manchmal nachts« (S. 15) bis zu dem Schutzengelgedicht »Vor sich / hinter sich / einen Geflügelten wissen« (S. 19). »Ich seh im Frühling« (S. 14), entstand 1986, kurz vor dem Einzug in das neue Haus vor dem Buchendorfer Waldrand. In der Allerheiligennacht 1989 schrieb er den Zyklus »Ein großes Flügeldach« (S. 45–55). Die neun Texte enthalten autobiographische Elemente. Erinnernd, spielerisch, kritisch, auch ironisch (in inniger Ironie) erzählt und beschreibt er sein Bewußtsein von Engeln. Aufgeklärte haben sie vertrieben. »Aber das letzte Wort / ist nie gesprochen. / Vielleicht findet / nächstes Jahr in Marienbad / ein rühmender Dichter den El.« Von da an wußte er, daß er ein Engelbuch schreiben mußte.

Über Jahrzehnte hatte der Schreiber der von Lukas berichteten Verkündigungsszene nachgedacht. Er sah Verkündigungsbilder der Maler in Reproduktionen (vgl. das Gedicht »Verkündigung. Über Generationen malten …«, S. 26). In der Kapelle der Katholischen Akademie in München wurde der Verkündigungsengel von Molzahn aufgehängt. Auch der ins New Yorker Exil getriebene Maler kam von dem ikonographisch festgeschriebenen Bild nicht los. Könnte man, fragte der Schreibende, die Verkündigungsszene in einem anderen, nicht sakral fixierten Kontext sehen? Eine Antwort wußte er nicht.

Wiederum war es eine Allerheiligennacht (1991). Er erwachte, Sätze zur Verkündigungsszene flossen in sein Bewußtsein. »Es war ein sehr heller Frühlingstag. / Die Bäche rannen zum See hinunter ...« Die Verserzählung »Maria sprach« suchte Ausdruck. Von Kindauf hatte er den »Engel des Herrn« gebetet. Der Erwachsene dachte später oft, hat Maria nicht noch etwas anderes gesprochen als »Siehe, ich bin eine Magd des Herrn«? Die langjährige Frage hat die Verserzählung »Maria sprach« ausgelöst. Maria erzählt als ältere Frau einem Besucher, der ihr Vertrauen gewonnen hat, aus ihrem Leben. Sie wuchs als Mädchen im Dorf auf. Andere Mädchen sprachen mutiger, lauter als sie, zum Beispiel Deborah. Die Erzählung setzt mit einem Gespräch am Brunnen ein. Als der Schreibende später zum ersten Mal in Nazareth sein durfte, war er überrascht, daß es diesen Brunnen, die Karstquelle »Marys Well«, bis heute gibt. Ist es denkbar, fragte er den begleitenden Pater, daß das Mädchen Maria Ziegen gehütet hat? Das hatte er geschrieben. Der Pater bejahte die Frage. Einige Mitreisende waren beunruhigt ob solchen Ansinnens. Sie fanden ihre Sakralgestalt gestört. Erst die Begegnung mit dem Engel hob Maria aus allem Dörflichen heraus. Lukas hat sie in eine wunderbare biblische Geschichte gefaßt. Darf man andere Bildentwürfe weiter denken? Die Verserzählung sucht sprachlichen Ausdruck für das reale, noch nicht sakralisierte Bewußtsein Mariens. (in: »Maria Maria. Gespräche Gesänge«, Kevelaer 2002, S. 63–69).

In der Edition Toni Pongratz in Hauzenberg erschienen 1993 die broschierten Blätter »Ein großes Flügeldach. Verse mit Engeln« mit Graphiken von HAP Grieshaber. Eine zweite Auflage war bald vergriffen. Es entstanden weitere Gespräche mit Engeln: Anrufungen, Aufblicke, Hinblicke, Huldigungen. Der Werkstatt-Engel trat in sein Bewußtsein. Zu den biblischen und spirituellen Engeln versammelten sich poetische Gestalten. Der Schreibende notierte geographische und kosmische Anflüge, den Engel als Tempelgestalt (S. 30 f.) und den Engel an der Meeresküste (S. 62). Außen- und Innengestalten waren immer weniger getrennt. Wer Zugang zum großen Schweigeraum der Welt findet, dem kann der Engel auch kosmischer Klang werden.

»Klang ist der Engel / Der Engel ist Klang / Er singt in die Seele /... Er singt den Anfang der Welt / Er singt das Ur der Welt / Er singt, was ewig singt« (S. 86). Der Engel ist von biblischer und ästhetischer Gestalt. Er hat eine spirituelle Potenz. Groß ist seine Geschichte in der Kultur der Völker. Religion ist ein fortwährendes Gespräch mit dem Göttlichen und mit sich selbst, auch mit Engeln. »Daß ihr ein Gespräch seid / daß wir du sagen dürfen / und ihr und euch ... / Daß wir zu Zeiten schauen / dürfen über das Botenfeld / horchen ...« (S. 69).

In mehreren Schreibmappen lagen Engelgespräche. Die Texte mußten gegliedert werden. In Erinnerung an die neun Engelchöre des Dionysios Areopagita entschied sich der Autor für neun Textgruppen. Drei ist eine heilige Zahl, dreimal drei hochheilig. Also eine Art Eingang, ein lockeres Schweifen bei der Engelsuche (auch auf »leeren Viehsteigen«, S. 17), die Engel der Maler und Dichter, biblische Engel des jüdischen und christlichen Testaments. In der Mitte steht der autobiografische Zyklus »Ein großes Flügeldach« (S. 45–55), danach der Werkstatt-Engel (S. 57), »Daß ihr ein Gespräch seid« (S. 69), schließlich Huldigung, abschließend Brief und Gesang. Die Gedichte wollen einstimmen in den großen Gesang.